みんなでゴスペル！

学校で、サークルで、お家で

JN062037

山本 愛・編著

朔北社

【目　次】

付属資料　演奏のお手本＆ピアノ伴奏ＣＤ

ゴスペルとは？

映画『天使にラブ・ソングを』以来の空前のゴスペルブームから 25 年以上が経ち、今やゴスペルという言葉を聞けば、何となくイメージできる時代になりました。

黒人の聖歌隊の人たちがローブを着て手拍子する姿はみなさんにも容易に想像がつくでしょう。しかしながら、では、ゴスペルって何？　と聞かれると、習っている人でさえすぐには答えられないかもしれません。

ゴスペルという言葉の由来は「GOD SPEL」神様の良い知らせ。というキリスト教的な意味の言葉が合わさったものです。

しかしそれだけで、ゴスペルの本質がわかったとは言えません。なぜなら、その背景には、アメリカが合衆国になる前から続くアフリカからアメリカへ連れてこられたアフロアメリカンたちの過酷な歴史が横たわっているのです。

奴隷制度、そして、人種間の差別、これがまさにゴスペルの起源です。彼らは毎日の運命に翻弄されながらも、奴隷たちの間で連帯を深め、希望を捨てずに生きていこうと毎夜誓い合いました。聖書に出てくる神は誰にでも平等であり、愛と希望と自由を与えるのだと信じました。そして聖書の中のイエスキリストもまた、虐げられ、十字架に張り付けられ死んでいったが、３日後に蘇った。そのことに自分たちの過酷な運命を重ねて、希望に変えていったのでした。絶望を希望に変えるための一つの手段だったのです。

どこまでも前を向き、歌うことや踊ること、そして神様と繋がることで自らを奮い立たせ決して諦めずに生き抜いたアフロアメリカンたち。その人たちの残した偉大な遺産こそが、ゴスペルという讃美歌です。

このテキストでは、なるべくベーシックで古いものを集めています。なぜなら、彼らが長く受け継いでいるものはそのエネルギーが強いからです。そして、短く、初心者でも簡単に扱うことができます。どの曲もアカペラ（無伴奏）でも、ピアノ伴奏付きでも演奏できるようにアレンジがされています。また、小学校高学年からアマチュアの大人の方まで弾けるシンプルな伴奏アレンジです。

又、アドリブと言って、黒人特有の自由に合いの手のメロディを入れる工夫もされています。是非、思い切ってアドリブにも挑戦してください。ゴスペルは決して難しいものではなく、本場アメリカでも赤ちゃんからお年寄りまで、自宅で、教会で、家族や友人たちと気軽に賛美（歌う）するのです。

プロのようなテクニックがいると思い込むのは間違いです。とにかく、リズムに体を任せ、自由に、純粋に楽しんで、そして心が解放されるための讃美歌なのです。

さあ、今日から学校で、サークルで、友達やファミリーで、楽しんで歌ってください！

あなたの中に自然に希望と、勇気と、生きる力が湧いてきます。そして、自由を感じることが出来るでしょう！

もしも気持ちが高まったら迷わずにこう、叫びましょう！　ハレルヤ！

つかもう、歌い方のハウツー！

　もともと人から人へ、口から口に伝承されてきたゴスペル。今回楽譜を作りましたが、もともとこの古い曲が作られた時代は楽譜なんてありませんでした。普通の合唱曲の場合のように長く楽譜にこだわりすぎず、出来るだけ早く楽譜から離れるようにしましょう！　このテキストのゴスペルは単純なリズムの繰り返しからなっています。使われている言葉もそんなに多くありません。言葉とメロディーを覚えたら、心と体をつかって存分に楽しみましょう！

♪ 基本編　歌う準備 ♪

1
発音を練習しよう！（YouTube を参照）
言葉と発音を覚えたら音源を聴きながら歌詞をのせてみよう！
メロディを覚えたら、ユニゾン（ハモらずみんなで同じ音）で
何度も歌ってみよう！

YouTube【みんなでゴスペル！ チャンネル】

さあ、練習が済んだら、次は応用です！

♪ 応用編 ♪

2 レッツ！ クラップ！
手拍子を打ってみよう！

ゴスペルはヨーロッパの讃美歌や聖歌とは違います。手拍子や、足拍子（ステップを踏んで）リズムに乗って歌ってみよう！

3 まずはユニゾンで、
それからハモってみよう！

ゴスペルは基本のメロディを覚えたらハーモニーは 2 声でも 3 声でも自由にアレンジして歌う楽しみがあります。オリジナルの和音を追加したりしてもＯＫです。

※ユニゾンとは 1 つのメロディーを同音で歌うこと

4 パーカッション（打楽器）
を使ってみよう！

もともとゴスペルはアフリカ大陸からきた人たちが作った音楽。アフリカの人たちの音楽には太鼓や打楽器が広く使われます。もちろんゴスペルとリズム楽器は相性抜群です！　手拍子に合わせたり、曲のリズムに乗りながら自由にたたいてみよう！

Hop!

5 何度も何度も 繰り返し歌ってみよう！

この本に掲載された楽譜には繰り返し記号がついていますが、基本的には何度繰り返しても回数は自由です。ゴスペルを歌い継いできたアフロアメリカンの人たちは自分たちが心ゆくまで繰り返すことを好みます。リードする人の気持ちに合わせて、または歌う人の気持ちが一つになったところで終わりの合図をして終わるというやり方も試してみて下さい。

Step!!

6 ピアノ伴奏も自由に！

この楽譜は、あくまでもサンプルです。もちろんそのまま弾いてもかまいませんが、楽譜にとらわれず、これをベースにして自由に音を変えて下さい！　そしてアレンジを加えて使用して下さい。

7 ソロに挑戦してみよう！

ソロとは一人で歌うことです。完全に一人で歌うこともあれば、コール＆レスポンス（呼びかけと答え）のように、リードする人が呼びかけ、他の人がそれに答えるような歌い方がゴスペルにはあります。短いメロディをソロで歌うことに順番にチャレンジしてみて下さい！　うまく歌うことが目的ではありません。自分の心のままに声を出し、楽しく歌ってみましょう！

8 アドリブをいれよう！

通常の合唱曲は楽譜通りに歌うのが基本ですが、ゴスペルでは自由にアドリブを入れる楽しみ方があります。メロディを付け加える、その日の気分で高い音程で声を出したり、合いの手を入れたりします。ＣＤのコーラスのアドリブも参考に聴いてみよう！

Jump!!!

さあ、この８つのポイントを一つずつでもクリアしていき、今まで経験したことのない音楽体験を楽しみましょう！

コーラス＆ピアノ譜 / コーラス譜

全8曲収録

コーラスアレンジ【山本 愛】
ピアノアレンジ【山本 愛 / 岩尾 宏 / 古川奈都子】

このテキストの扱い方

《指導・伴奏者のみなさんへ》

【楽譜とＣＤ音源について】

1. 楽譜について

このテキストには8つの曲を収録しています。1曲につき、2つの楽譜がありますが、1つ目の楽譜は「コーラスとピアノ」が一緒になった楽譜。次の楽譜が「コーラス」のみの楽譜になります。必要に応じてコピーしてご利用ください。

※ 2曲目の「Kum Ba Yah」はアカペラのためコーラス譜のみとなっています。

2. ＣＤ音源について

ＣＤには2種類の音源が入っています。前半の8曲はコーラスとピアノの演奏が入った音源です。前半〈Track No.1 ～ 8〉の音源のコーラス部分は楽譜と同じ音で演奏されていますが、ピアノ伴奏については、ゴスペルのニュアンスを楽しんで頂くためのアレンジを加えて演奏しています。アレンジの参考音源として聴いてみてください。
後半〈Track No.9 ～ 15〉は楽譜に沿ってピアノの練習をするとき用のピアノ演奏だけの音源です。練習の参考にしてください。

※一部、楽譜通りでない部分も含まれていますが、先ずは楽譜通りに練習してみましょう。

3. 楽曲の作詞、作曲者について

この本の楽曲は殆どが古い時代に作られた作者不詳のものばかりです。主に、ブラックスピリチュアル（黒人霊歌）やトラディショナルゴスペルと呼ばれているものです。現在でもさまざまなアレンジで歌われています。この本の中では唯一アメイジンググレイスの作詞者のみが記録に残されています。

【演奏見本】CD Track ①
【ピアノ伴奏】CD Track ⑨

Amen
（　エーメン　）

💡 ポイント

短い曲ですが、何度も繰り返すことで高揚感と楽しさが生まれる曲です。例えば、1回目はユニゾン（同音で歌うこと）、2回目はソプラノとアルトのハーモニー、そして3回目はアドリブをメロディの合間に入れるというような構成にしてアドリブを交代で歌うこともできます。ウォーミングアップとしても最適なので何回も繰り返し慣れていきましょう。アドリブの部分をいかようにも変えられるのでアドリブにも挑戦してみましょう！　ハレルヤ！　と掛け声を掛けるだけでも楽しい気持ちになります。

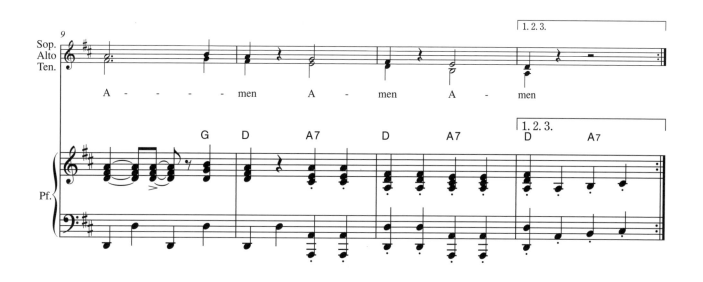

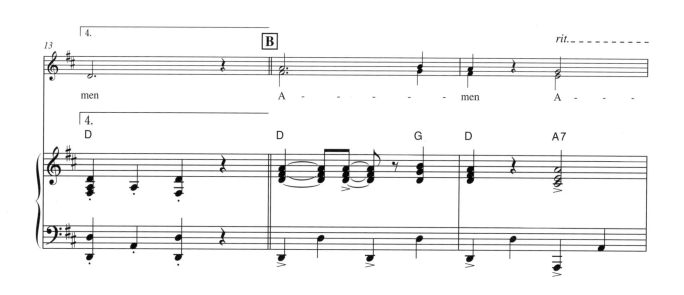

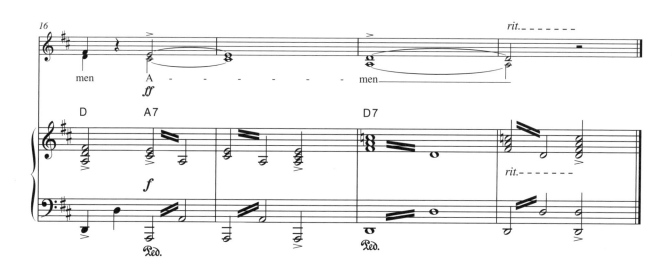

Amen

（　エーメン　）

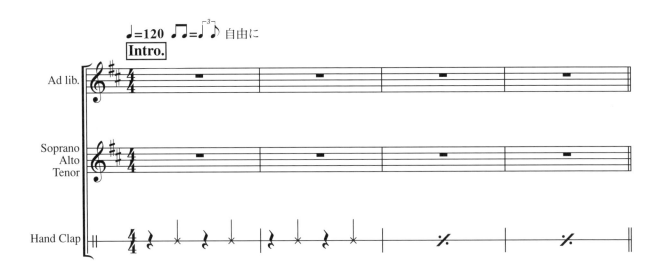

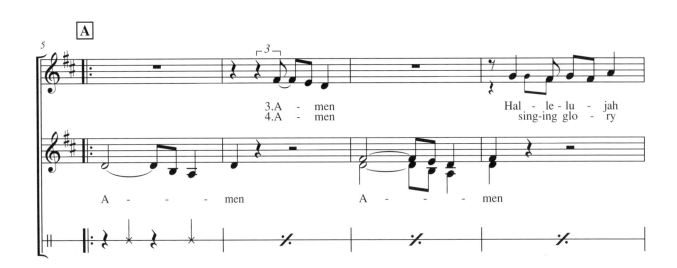

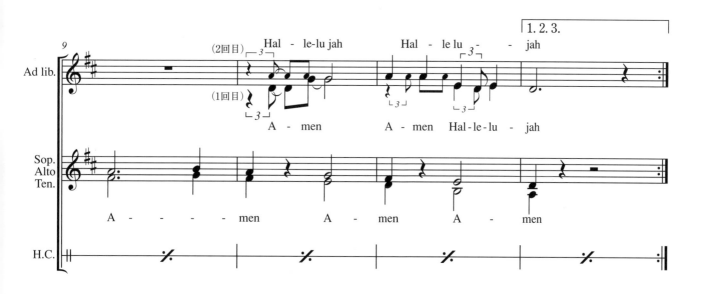

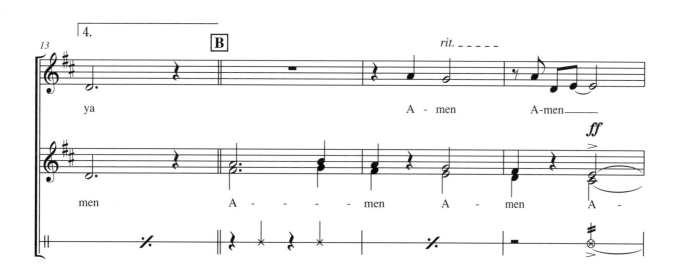

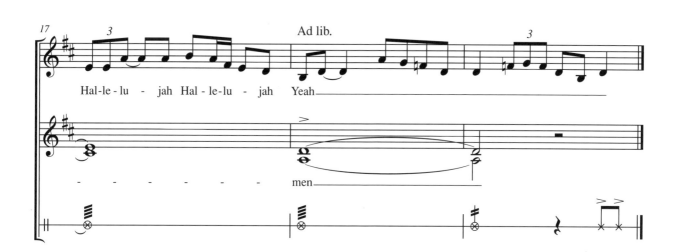

【演奏見本】CD Track ②

Kum Ba Yah

（ クン バ ヤ ）

💡 ポイント

この曲はアカペラといわれる伴奏のないコーラス形態です。ソプラノとアルトとテナーという 3 つのパートのみで、ハーモニーを作ります。前半はリズムも早い 3 拍刻みで、太鼓を使うとより効果的に楽しんで歌うことが出来ます。後半から 4 拍子に変わりますので、その変わり目をリズムを打ちながら歌うと良いでしょう。ゴスペルのひとつのルーツを感じさせるパワフルな楽曲です。音源を参考にして Oh Lord の掛け声をプラスしてみると、さらにゴスペルらしさが出るでしょう。

アフリカの太鼓

【演奏見本】CD Track ③
【ピアノ伴奏】CD Track ⑩

This Little Light of Mine

（ ディス　リトル　ライト　オブ　マイン ）

💡 ポイント

明るくテンポのある曲です。ユニゾンでも楽しめますし、Let it shine の繰り返し部分のみ３部でハモったり、初めの歌詞の部分をソロが歌い、繰り返しを全員で歌うとコール＆レスポンスでも楽しめます。手拍子もしながら楽しんで歌いましょう！　特に気を付けたいのは、歌う時にレガート（なめらかに）になり過ぎないことです。リズムに乗って、メリハリのある歌い方をしてみて下さい。This little light of mine のマインの部分をマーァインと伸ばさずに、短めに伸ばして切りましょう。ＣＤ音源の歌い方を参考にしてください。アドリブのサンプルも付けましたので、是非挑戦してください。

《子どもたちとのエピソード》

授業が終わると、一人一人の顔を見て、教室から送り出す。
ある日、いつもふざけてばかりの男子が大きな声で言った。
「せんせい、音楽がこんなに楽しいなんて、初めて知りました！」
わーぉ！　神様ありがとう！　ゴスペルを教えてきてよかった！
ハレルヤ！（船橋市立Y小学校でのエピソード）

《授業を受けた子どもたちの感想》

ゴスペルは自分に
元気をくれる。
応援してくれるみたい。
（小4女子）

ゴスペルを歌うと
1日が楽しくなるし、
元気になる。
（小4男子）

自分に自信がつい
た。（小5女子）

もっとやってみたい！
（中1男子）

ゴスペルの歴史も
知れてよかった！
（小6女子）

This Little Light of Mine

（　ディス　リトル　ライト　オブ　マイン　）

【演奏見本】CD Track ④
【ピアノ伴奏】CD Track ⑪

Glory Glory Hallelujah

（　グローリー　グローリー　ハレルヤ　）

💡 ポイント

自由にアレンジできる曲です。少し遅く歌っても、又はとても速いリズムに変えても楽しく歌えます。テンポを変えるだけでも本場のゴスペルを歌っているような感覚に浸ることができますし、アカペラでも十分楽しい曲なので、リードソロと追いかけるコーラスに分かれて楽しんで歌ってみてください。ＣＤの音源を参考にして追いかけるコーラスの部分の少し下から持ち上げるような発声（ポルタメント）で歌うと、更にゴスペル的なフィーリングが増していくでしょう。

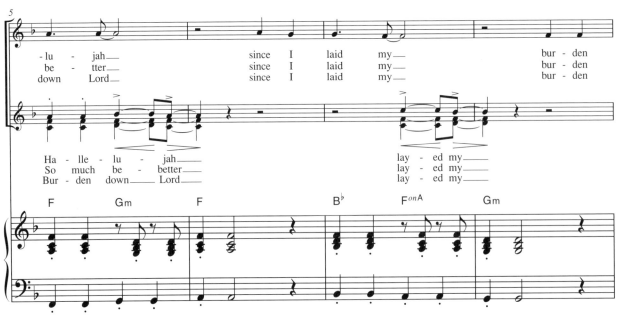

23

Glory Glory Hallelujah

（　グローリー　グローリー　ハレルヤ　）

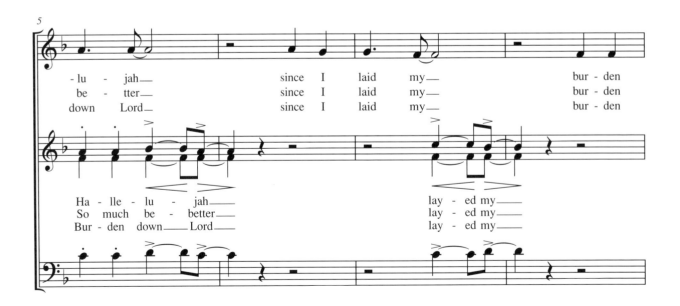

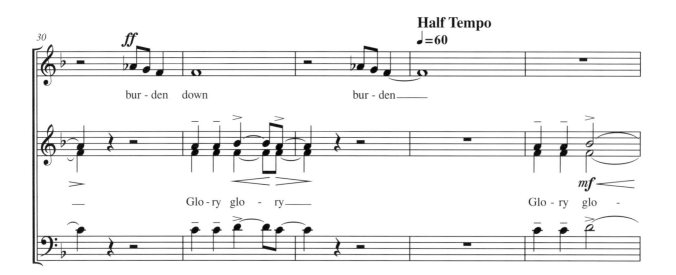

28

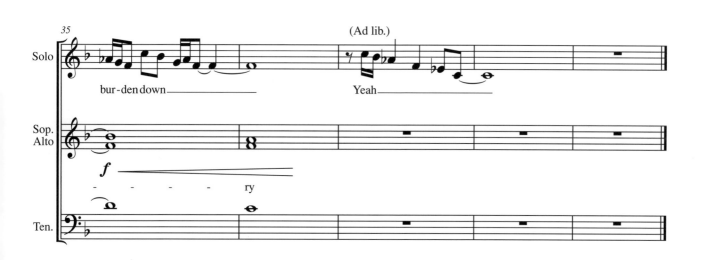

bur-den down_____   Yeah_____

- - - - ry

1600年代から1900年代初頭の奴隷期

　ゴスペルの歴史は古く、1600年代に遡ります。1600年初頭、新大陸（アメリカ）においてイギリスをはじめとする、ヨーロッパ諸国の植民地争いがありました。労働力不足から、スペイン、イギリス、フランスは、安い労働力で広大な土地から利益を得るためにアフリカの大西洋沿岸の国々からアフリカの人々を無理やり大量に船に乗せてアメリカへ運びました。そして奴隷として市場で売り買いしたのです。奴隷を物や家畜のように扱う過酷な時代が1800年代半ばまで続きました。奴隷がアメリカ大陸にはじめて上陸したのが1609年と言われており（研究者によって諸説あるが）、農場に売られ、労働力として定着したのは1600年代の後半ごろと思われます。過酷な労働の中で奴隷たちにとって唯一の癒しが、週に一度の教会の礼拝でした。神の奇跡の物語を聞いて、美しい讃美歌に心を打たれたアフリカの人たちは、夜、秘密の教会を森で開き、歌うようになりました。これがブラックスピリチュアルと呼ばれる、黒人霊歌の始まりです。

　この頃の奴隷たちは、まだ音楽を記録する媒体もなく、文字も知りません。作詞作曲者も身分の低い奴隷たち故に、記録に残されることもありませんでした。彼らはアフリカの躍動感あるリズムで手拍子したりステップを踏みながら、アドリブを使い、アフリカ独自の感性でオリジナルな讃美歌を作りました。それらの歌は、彼らの抜群の耳の良さで、またたくまにプランテーション（注1）からプランテーションへと口承音楽として伝わったといいます。

　これらの歌は、その場ですぐに覚えられるように短い歌詞とメロディで出来ています。これという形式は特に決められておらず、とにかく自由に歌うというのが彼らのスタイルです。それは、アフリカ的でもあり、また、抑圧された状況の中でより自由と解放を求める思いが、一つの形式に縛られないという欲求をより引き出したのかもしれません。

　個人的にはこの時代のブラックスピリチュアルに最もエネルギーを感じます。言葉もそうですが、短くシ

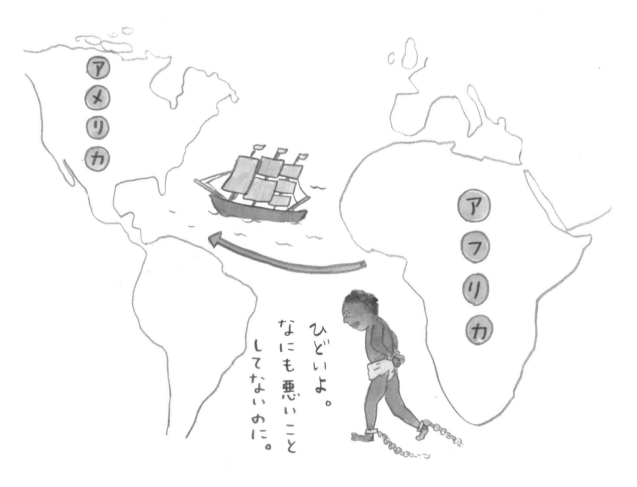

ンプルに表現することにより、最も人間の心に深く浸透していくと感じるのです。

そして、もうひとつ特筆すべきはアフリカ的な伝統をその讃美歌に込めたことです。

アフリカの音楽研究者であるクワベナ・ンケティア氏（注2）によれば、彼らは音程よりもまずリズム重視だということ。リズムを合わせることにより連帯感を感じ音楽の喜びを増幅させるというのです。まさに古いブラックスピリチュアルもその要素が濃く、手拍子や足拍子までしたくなるような楽しく、躍動感あふれるリズムです。合唱形式なのに、堅苦しくならずみんなで純粋に楽しめるのは、このアフリカの伝統を引き継いでいるからなのです。それは、みんなの気持ちを合わせ、そしてポジティブなエネルギーを増幅させるリズムです。

そして、この奴隷時代に彼らにとって大切なことは、励ましあう連帯感と自己の尊厳を回復させること、そして、いつかはアフリカへ戻ることが出来ると信じることだったのです。

そして、その歌を歌う時、奴隷たちにとって、中心

にあったもの。それは神という揺るぎのない存在でした。一言でいえば歌うことは「神との交信」だったのです。神の前では人間は皆等しく平等で、それは永遠に変わることのない無償の愛を与えられるという事が、差別に苦しむ彼らを励まし続けました。毎夜小さな小屋の中や森の中で行われた自分たちの礼拝の中で、奴隷たちは何度も何度も繰り返し歌い、苦難を分かち合い、生きぬこうとしました。だからこそ黒人霊歌には普遍的なエネルギーが含まれているのです。

【注釈】

（1）プランテーション

　大規模農園のこと。当時の奴隷たちの多くの労働場所は北米南部の主に大規模綿花農場であった。

（2）クワベナ・ンケティア（1921-2019）

　ガーナのアフリカ音楽研究者。著書に『アフリカ音楽』（龍村あや子 / 訳　晶文社）がある。

コーラス＆ピアノ

【演奏見本】CD Track ⑤
【ピアノ伴奏】CD Track ⑫

Swing Low Sweet Chariot
（　スウィング　ロウ　スウィート　チャリオット　）

💡 ポイント

流れるような感傷的な美しいメロディです。メロディの流れに逆らわずに感情をこめて歌いたい曲です。敢えてユニゾン（斉唱）でハーモニーを付けずに心を一つにして歌えると更に感動が大きくなるでしょう。歌詞の内容を丁寧に理解して歌うとこの曲の良さを味わうことが出来るでしょう。一体感を味わえる1曲です。

32

Swing Low Sweet Chariot

(スウィング ロウ スウィート チャリオット)

1900 年代から 1950 年代　南北戦争後の時代

アメリカ合衆国の北部と南部は奴隷制度を争点の一つとして南北戦争を始めました（1861-1865）。リンカーン大統領（注1）の苦肉の策は南北戦争を終わらせるために奴隷制の廃止を告げることでした。しかし、綿花農場や産業の重要な働き手を北部に取られることを怖れた南部の農場主たちは、強硬に奴隷制度の廃止に抵抗しました。しかし戦争を終わらせたいというリンカーン大統領の意思は固かったのです。

勝利した北部の工業化は一気に進み、奴隷制度廃止と共に奴隷だったアフロアメリカン（注2）たちは北部へと大移動しました。

もちろん、南部の農場主たちは働き手の流出を怖れていました。そのため彼らは南部にしか通用しない、奴隷制度はまだ有効であるという趣旨の法律を独自に成立させたのです。それがジムクロウ法（注3）でした。

農場主たちは戦争前から奴隷たちを農場になるべく定着させるために、また、効率よく労働力を得るために彼らの家族形成にも力を注ぎました。その甲斐あって奴隷たちの人口はみるみる増え、もちろん農場の生産高も上がっていきました。ところが子どもたちは一切教育を受けさせず文字を読めないようにしておいたのです。何故なら、奴隷の子が賢くなり主人たちを追い越していくのでは、という懸念が主人の側に常にあったからです。そうまでして安い労働力を確保してきたのに、戦争に負けて奴隷が自由になるのですから、これは更に力で封じ込めなければならないと思ったのでしょう。逃げようとする奴隷たちに対して激しいリンチ（注4）が加えられ、更なる差別が始まりました。

奴隷制度廃止後、北部に逃れ商売を始めた自由黒人にも追手の罠が仕掛けられ、おいしい話に騙されたあげく、気が付くと再び奴隷として売られていたということも横行しました。

　ジムクロウ法のない、北部では多くの人々が流入し人口が増加したため、貧困が起き、南部ではジムクロウ法により差別やリンチが繰り返されました。しかし、彼らは歌うことをやめませんでした。

　この時代はアフロアメリカンが既にアメリカ人として家族を形成し、それぞれの地域で教会を作り讃美歌の輪を広げていた時代です。奴隷制度廃止の喜びもつかの間、更なる黒人差別の苦難の中、教会ごとの讃美歌が生まれたり、音楽にたけたものが現れたり、歌詞もメロディも増えていきました。そんな中でブラックスピリチュアルが益々力強い一つの表現、メッセージとして進化していったと思われます。

　この時代にはもう、アフロアメリカンの中にアフリカに帰ろうという発想は現実的ではなく、彼らは確実にアメリカ人としての人生を歩んでいったのです。

【注釈】

(1)　アブラハム・リンカーン

(Abraham Lincoln 1805-1865)

第16代アメリカ合衆国大統領就任後の翌月から南北戦争に突入、アメリカの分断を避けるためにも黒人奴隷制度を廃止、南北戦争を終結させたが、1865年に暗殺された。

(2)　アフロアメリカン

アフリカ系アメリカ人のこと。

(3)　ジムクロウ法

1876年-1964年まで続いた人種差別的内容を含む合衆国南部州法の総称。黒人の血が混ざっている有色人種全てに一般公共施設の利用禁止などを盛り込んだ。

(4)　リンチ

1866年に公民権法が制定され、黒人にも権利が与えられようとしていた時に、白人至上主義者たちの秘密結社（K.K.K）が結成され、黒人なら無差別に殺しても良いという風潮が南部に広まった。K.K.Kの組織は今もなお南部州で存在している。その他農場でも、黒人に激しいリンチが加えられ、木に吊るされるなどの写真が多く残っている。

【演奏見本】CD Track ⑥
【ピアノ伴奏】CD Track ⑬

I Woke Up This Morning

（　アイ　ウォーク　アップ　ディス　モーニング　）

💡 ポイント

古いゴスペルの中でも、ブルースのフィーリングがたっぷり感じられる定番の曲です。特にハレル、ハレル、ハレルヤ！　の部分は合いの手の手拍子がとても入れやすく楽しい気持ちにさせてくれます。最初の３小節をソロに、ハレル〜からは全員でというコール＆レスポンスの形で歌ったり、stay on Jesus, stay on the Lord の部分をハーモニーで歌い、その前の I woke up this morning with my mind の部分をソロ、またはユニゾンという形も良いでしょう。歌う人数や実態に合わせて組み合わせて歌ってみましょう！

《子どもたちとのエピソード》

授業ではいつも「Amen」や「This little light of mine」などいくつかの曲を教えている。この学校の子どもたちはこの単純な一つの言葉で歌う「Amen」が大好き！　音楽室から出ていくとき、そして廊下でも、そして放課後のグランドでも、サッカー部でも大きな声で歌う。エーメン、エーメン、ハレルヤ！とみんな笑顔だ。

（船橋市立Ｋ小学校でのエピソード）

I Woke Up This Morning

（ アイ ウォーク アップ ディス モーニング ）

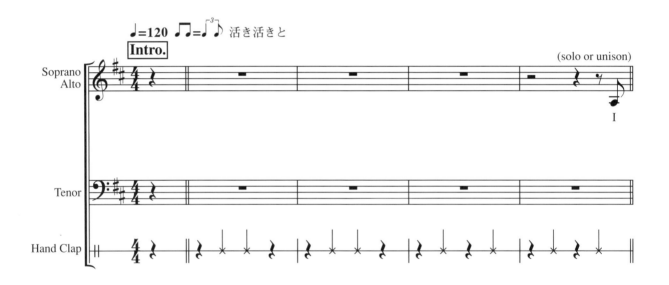

woke up this mor - ning with my mind stay on Je - sus_ I
walk - ing and tal - king with my mind stay on Je - sus_ I'm

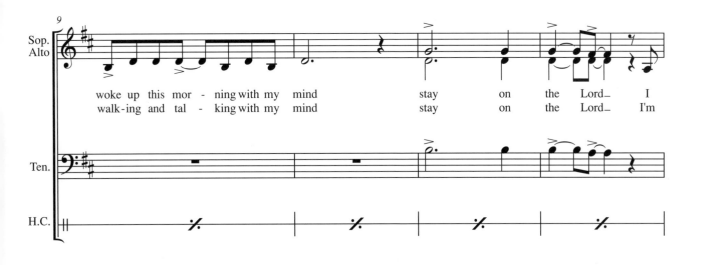

woke up this mor - ning with my mind   stay   on   the Lord___   I

walk-ing and tal - king with my mind   stay   on   the Lord___   I'm

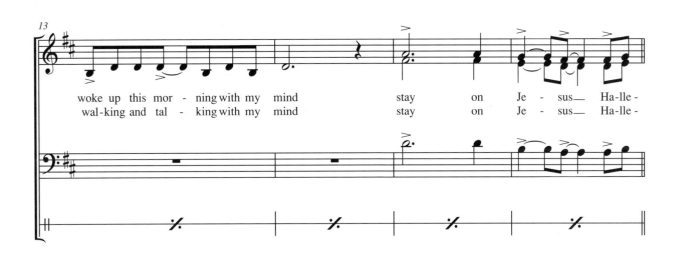

woke up this mor - ning with my mind   stay   on   Je - sus___   Ha-lle -

wal-king and tal - king with my mind   stay   on   Je - sus___   Ha-lle -

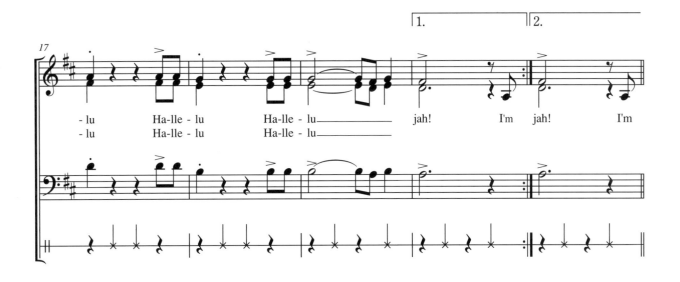

- lu   Ha-lle - lu   Ha-lle - lu_____ jah!   I'm   jah!   I'm

- lu   Ha-lle - lu   Ha-lle - lu_____

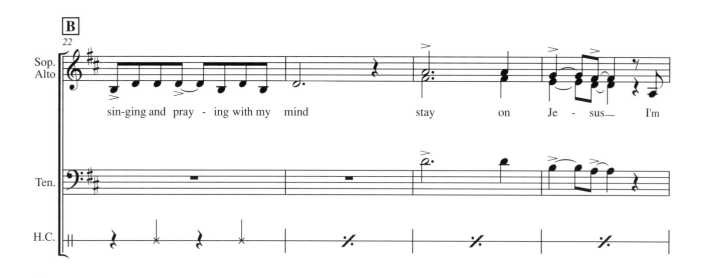

sin-ging and pray - ing with my mind stay on Je - sus— I'm

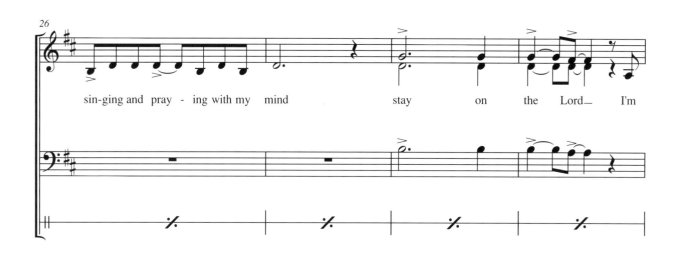

sin-ging and pray - ing with my mind stay on the Lord— I'm

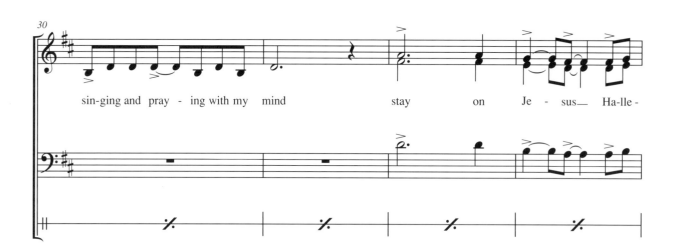

sin-ging and pray - ing with my mind stay on Je - sus— Ha-lle-

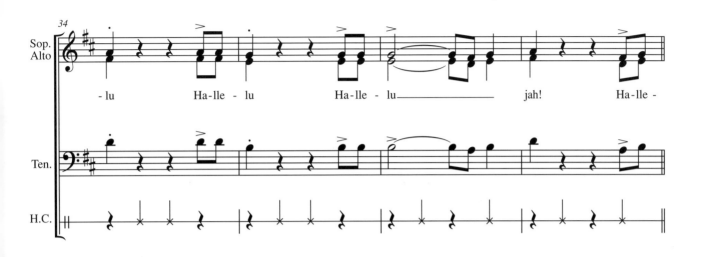

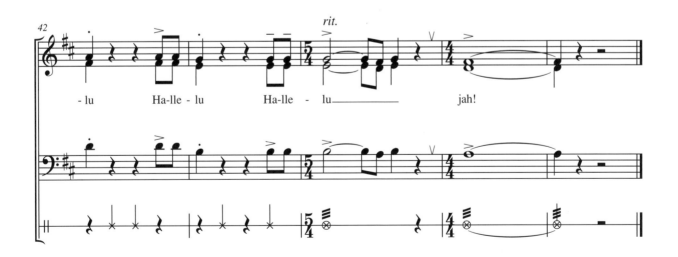

【演奏見本】CD Track ⑦
【ピアノ伴奏】CD Track ⑭

Amazing Grace

（　アメージング　グレース　）

作詞：ジョン・ニュートン

💡 ポイント

ゆったりとした３拍子でメロディに身を委ね歌い上げてください。アカペラ（無伴奏）でもピアノ伴奏でも美し
い曲です。名曲であるがゆえに、クセのない素直な歌い方が、よりこの曲の魅力を引き出します。歌詞も感情豊
かな内容です。気持ちを込めて歌うことで更に聴く人の心に響くでしょう。ソプラノ、アルト、テナーの３部合
唱又は、女性しかいないグループであれば、テナーのパートをアルト、アルトのパートをメゾが担当するとよい
でしょう。１回目はソロ、２回目はユニゾン、３回目は３部ハーモニーで繰り返すこともできます。

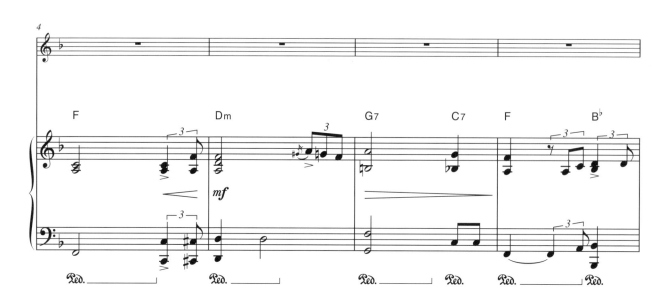

once   wa – s   lost   but   now   I'm

found   wa – s   blind   but   now

I   see

Amazing Grace

（　アメージング　グレース　）

作詞：ジョン・ニュートン

1950年代から1970年代 ゴスペルの誕生、オールドスクールの時代 (注1)

　ようやくこの時代に来てブラックスピリチュアルは広く知られるようになり「ゴスペル」という言葉で呼ばれるようになります。奴隷制度を乗り越え、ジムクロウ法の苦難にも耐えながらブラックスピリチュアルは進化し続けます。

　この時代、レコードという音楽的産業革命があり、この少し前の時代から音を記録する時代に入ります。それまでは一切、作詞作曲者の名前が残ることもなく、口承音楽として伝えられてきたアフロアメリカンの讃美歌であるブラックスピリチュアルもここにきて、一気に日の目を見ることになります。

　ブルースやジャズもゴスペルから枝分かれする形でそれぞれが独自の進化を遂げて、ブラックミュージックと呼ばれる巨大なマーケットがアメリカのみならず、世界中に広がっていきます。この時代を一般的にオールドスクールと呼びます。

　世界的に見てもこの時代が一番音楽の熟した時代であり、名曲が生まれ続けました。それまでのローカルな民族音楽や、西洋のクラシック音楽だけではない、大衆の音楽が世界中で生まれてレコードに収められ、一般の人たちを熱狂させました。

　もちろん、ブルースもジャズもゴスペルもプロフェッショナルな歌い手や、楽器のプレイヤーが続々と誕生し、作詞作曲者もその名前を残すようになります。一般的にはトーマス・A・ドーシーがゴスペルの父と呼ばれていますが、南北戦争のはるか以前、奴隷制度が始まった時代から無数の無名の作曲者や歌い手が居たからこそ、この時代に花開いたのです。

　ですから、ゴスペルの本当の歴史は1600年代から現代に至るまでの約400年近くの歴史があるということなのです。

　皆さんのよく知る映画『天使にラブ・ソングを2』(1993年)で歌われた、18世紀の古い讃美歌を元にして1967年に書かれた楽曲である「オーハッピーデイ」は映画用にアレンジした曲の大ヒットにより、アメリカ国内のみならず、世界中にアフロアメリカンの讃美

"ゴスペルの父"
トーマス・A・ドーシー
(1899 ～ 1993)

ローザ・パークス
(1913 ～ 2005)

1955年、バスで白人に
席を譲ることを拒否して
逮捕された 勇気ある女性。

公民権運動の 指導者
キング牧師 (1929 ～ 1968)
もゴスペルを 愛していた。

ルイ・アームストロング
愛称は "サッチモ"
(1901 ～ 1971)

歌、そして"ゴスペル"が音楽のジャンルとして知られることになります。アメリカでは、古いブラックスピリチュアルやイギリスの古典的讃美歌を教会ごとに、又はミュージシャンがそれぞれ違ったアレンジを加えて演奏するのがとてもあたりまえのスタイルなのです。その自由度の高さや、創造性は世界のどの地域でもあまり見ることのない音楽スタイルであると言えます。今の若いゴスペルシンガーでも、それは変わらず継承されており、古典を重んじながらも、新しい音楽性を追求し続けています。教会の讃美歌がそのように自由に歌われることは、おそらくアメリカゴスペルの1つの大きな魅力と言えるでしょう。

　このオールドスクールと呼ばれるアメリカのポップミュージック革命は、偉大な作曲家、歌手を世に送り出しました。ここに書ききれないほどですが、フィスク・ジュビリー・シンガーズや、マヘリア・ジャクソン、キャラヴァンズ、ブラインドボーイズ、アンドレア・クラウチ、アレサ・フランクリン、ルイ・アームストロングなど多くのミュージシャンを輩出し、経済成長と相まって、巨大な音楽マーケットを生み出しました。ブルースやファンク、ジャズ、ロック、R＆B、

HIPHOP なども全ては教会や町中で歌われたシンプルなスピリチュアルを土台にした構成になっており、奴隷時代のブラックスピリチュアルから枝葉を分けたといっても過言ではないのです。

【注釈】

(1) オールドスクールの時代

新しいスタイルの音楽が出る前の時代のことを呼ぶ。1980年以降のニュースクールに対する対義語。

(2) トーマス・A・ドーシー

(Thomas Andrew Dorsey 1899-1993)

主にブルースの作曲家。この当時は黒人の教会音楽もシンプルなブルースコードで歌われ、シカゴの教会で合唱隊（クワイヤ）を結成し、多くのゴスペルを残した。

(3) オーハッピーデイ (Oh Happy Day)

この曲はエドウィン・ホーキンズが 18 世紀の讃美歌を元に作曲したもの。1967 年に録音され、ビルボードホット100 で 4 位にランキングされた。多くのミュージシャンがそれぞれのアレンジでカバーしている。『天使にラブ・ソングを 2』で歌われたものは映画のためにアレンジされたものである。

【演奏見本】CD Track ⑧
【ピアノ伴奏】CD Track ⑮

When The Saints Go Marchin'in

（　ウェン　ザ　セインツ　ゴー　マーチン　イン　）

💡 **ポイント**

この曲は日本でも「聖者の行進」として知られている曲ですが、この本では Jazz のフィーリングも楽しめるコードなので、是非伴奏にドラムやタンバリンなどを入れてバンド風に歌うとよいでしょう。コンサートやイベントでは曲に合わせて会場をマーチングしながら一周するなど工夫するとグッと雰囲気を楽しめます。コーラスは追いかけていきながら途中でメロディに合流する形を取ります。慣れてきたら手拍子を打ちながらジャズとゴスペルの両方のフィーリングを楽しんで歌いましょう！　間奏の部分では、ＣＤ音源を参考に楽しく掛け声やアドリブを入れると更に楽しく演奏できるでしょう。

When The Saints Go Marchin'in

（　ウェン　ザ　セインツ　ゴ—　マ—チン　イン　）

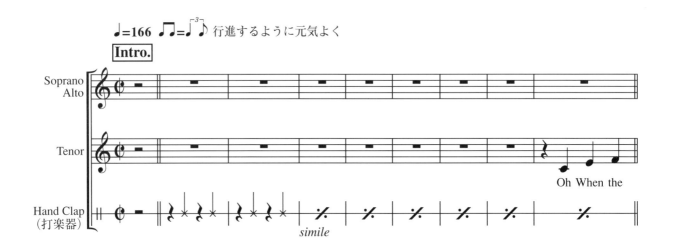

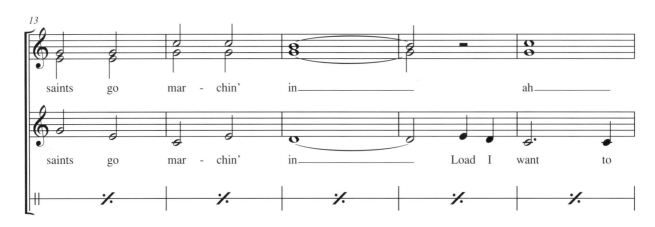

[ゴスペルの歴史コラム④]
1980年代から2000年代の近代ゴスペル

　ゴスペルにとっても、あらゆる黒人音楽にとっても黄金期といわれるような無数の名曲を生み出したオールドスクール時代を経て、さらに音楽的にもゴスペルは成熟期を迎えることになります。より洗練されたアレンジや複雑な構成を持ち、技術的にもプロにしか演奏することが出来ない進化した曲が次々と生み出されるようになります。

　そして、特筆すべきはあのゴスペルの運命を大きく変えた一つの映画、『天使にラブ・ソングを』（注1）が世に出たことです。

　1992年にアメリカで作られた映画で、一つの古い修道院を舞台に、一人の場末のキャバレーのショーガールがゴスペルをシスターたちに教えることによって、教会に人を呼び戻すというストーリーです。主演のウーピー・ゴールドバーグ（注2）がその存在感を光らせ抜群の歌唱力も相まって、全米で大ヒットし、その後、世界中に広まりました。この映画の中で演奏された修道女たちによる聖歌と組み合わせた「ヘイルホーリークイーン」や、『天使にラブ・ソングを2』で荒れた高校生たちが歌った「オーハッピーデイ」などが世界中のゴスペルブームに火をつけました。アメリカ国内でもそこまでは知られていなかったアフロアメリカンた

映画「天使にラブ・ソングを」

ホイットニー・ヒューストン

ちの讃美歌〝ゴスペル〟のパワー、魅力、スピリット、全てが人種や国を超えて人々の心を揺さぶり、日本でもそのブームは映画と共にやってくることになります。アメリカの音楽のコンテンポラリー時代（注3）の到来です。ゴスペルにも多くのコンテンポラリーの大スターが登場します。オールドスクールの素朴なアレンジとメロディよりも、より緻密に練り上げられたアレンジ、ハーモニー、バンドサウンド、プロフェッショナルなクワイヤ（合唱隊）により演奏され、新しい楽曲も作られました。

　現在もレジェンドとして大活躍中のカーク・フランクリン、ドニー・マクラーキン、ヨランダ・アダムス、ザ・クラークシスターズ、フレッド・ハモンド等々ここに書ききれない程のゴスペルミュージシャンたちの音楽が世に出されました。かの、ホイットニー・ヒューストンも教会のクワイヤ出身であり、ゴスペルのアルバムや映画にも出演しています。この所謂、コンテンポラリーゴスペルという形態になってからの新しいゴスペルを日本や韓国では、特に好まれ演奏されています。曲を仕上げるのに非常に難しく歌詞も多いため練習には時間がかかりますが、日本ではオールドスクールよりも

難しい曲にチャレンジする傾向が強いようです。それだけコンテンポラリーの格好よさは日本人の永遠のあこがれなのかもしれません。

【注釈】

（1）映画『天使にラブ・ソングを』

1992年に公開された、ゴスペルを題材にしたミュージカル映画。『天使にラブ・ソングを2』（1993年）と共に全米や世界中で大ヒットした。日本でも毎年地上波で放映されるほどの人気作である。

（2）ウーピー・ゴールドバーグ

（Whoopi Goldberg,1955- ）

ニューヨーク州出身。コメディアン、歌手、俳優、エミー賞、グラミー賞、オスカー（アカデミー賞）、トニー賞のすべてを受賞した。他に『カラーパープル』、『ゴースト/ニューヨークの幻』など出演。現在はトークショーの司会を務める。ハリウッドの人種的差別に反発し、映画界から身を引いたことでも知られている。

（3）コンテンポラリー時代

コンテンポラリーとは「現代的なさま」という意味。ニュースクールと同義であるが、コンテンポラリージャズなど、主に1980年以降の現在までのスタイルを称総する。

用語の説明

クワイヤ　ゴスペルを歌うチームのこと（合唱隊）

♫＝♪♪　タータッタと跳ねて

Intro（イントロ）　前奏のこと

Soprano　ソプラノ（略：Sop.）

Alto　アルト

Tenor　テノール（略：Ten.）《男性または女性の低いパート》

Hand Clap（ハンドクラップ）　手拍子のこと（略：H.C.）

Ad lib.（アドリブ）自由に即興的なメロディで歌ったり演奏したりすること

Solo（ソロ）　一人で歌うこと

Unison（ユニゾン）　みんなで同じ音で歌うこと（斉唱）

Half Tempo（ハーフテンポ）　音符の長さを倍にして演奏すること

Dram（ドラム）　この本で言うドラムとは太鼓などの打楽器

コール＆レスポンス　呼びかけにこたえるという歌い方の一つ

全 8 曲
歌詞・対訳・解説

訳・解説：山本 愛

Amen （エーメン）

【歌詞】	【対訳】
Amen	エーメン
Amen	エーメン
Amen Amen Amen	エーメン　エーメン　エーメン
Amen	エーメン
Amen	エーメン
Amen Amen Amen	エーメン　エーメン　エーメン
Amen（Amen）	エーメン（エーメン）
Amen（Hallelujah）	エーメン（ハレルヤ）
Amen Amen Amen	エーメン　エーメン　エーメン
（Amen Amen Hallelujah）	（エーメン　エーメン　ハレルヤ）
Amen（Amen）	エーメン（エーメン）
Amen（singing glory）	エーメン（シィンギング　グローリー）
Amen Amen Amen	エーメン　エーメン　エーメン
（Hallelujah Hallelujah ）	（ハレルヤ　ハレルヤ）
Amen Amen Amen	エーメン　エーメン　エーメン
（Amen Amen Hallelujah Hallelujah）	（エーメン　エーメン　ハレルヤ　ハレルヤ）

【解説】

エーメンは、ヘブライ語のアーメンの発音が英語なまりになったもので、意味は同じ。賛同します、そうです、まことに、確かに、などの神に対する同意する気持ちを表しています。日本ではキリスト教のお祈りの最後に言われる言葉として知られていますが、ユダヤ教の時代から使われている神父のあとに続く賛同の言葉として残ったものです。この曲は、たった一つの言葉で歌われる、おそらくゴスペルの中でも一番シンプルな曲です。そして同じ言葉を繰り返し歌う、ゴスペルの原点のような曲と言えるでしょう。

Kum Ba Yah （クン　バ　ヤ）

【歌詞】

Kum ba yah my Lord kum ba yah

Kum ba yah my Lord kum ba yah

Kum ba yah my Lord kum ba yah

Oh Lord kum ba yah

Oh Lord kum ba yah

Kum ba yah my Lord kum ba yah

Kum ba yah my Lord kum ba yah

Kum ba yah my Lord kum ba yah

Oh Lord kum ba yah

Oh Lord kum ba yah

Come by here my Lord come by here

Come by here my Lord come by here

Come by here my Lord come by here

Oh Lord come by here

Oh Lord come by here

Come by here my Lord come by here

Come by here my Lord come by here

Come by here my Lord come by here

Oh Lord come by here

Oh Lord come by here

Oh Lord come by here

Oh Lord come by here

【対訳】

神様　私の元へ来てください

神様　私の元へ来てください

神様　私の元へ来てください

おお　私の神様　私の元へ来てください

おお　私の神様　私の元へ来てください

神様　私の元へ来てください

神様　私の元へ来てください

神様　私の元へ来てください

おお　私の神様　私の元へ来てください

おお　私の神様　私の元へ来てください

神様　私の元へ来てください

神様　私の元へ来てください

神様　私の元へ来てください

おお　私の神様　私の元へ来てください

おお　私の神様　私の元へ来てください

神様　私の元へ来てください

神様　私の元へ来てください

神様　私の元へ来てください

おお　私の神様　私の元へ来てください

おお　私の神様　私の元へ来てください

おお　私の神様　私の元へ来てください

おお　私の神様　私の元へ来てください

【解説】

この曲が誰によって作曲されて、伝えられたかは不明です。分かっていることは当時の奴隷によりアフリカの言語を用いて、北米のどこからか伝えられたのではないかということと、北米のどこでもこの曲がスタンダードな古い讃美歌として知られていることです。言語は、明らかにアフリカのどこかの地方のものだと推測できます。西アフリカ地方のどこかの部族であろうと言われていますが、この歌詞からも彼らはアフリカに居たころから神への信仰をもっており、主体的に神と関わろうとする姿勢を持っていたということがわかります。

This Little Light of Mine （ディス　リトル　ライト　オブ　マイン）

【歌詞】

This little light of mine I'm gonna let it shine
This little light of mine I'm gonna let it shine
This little light of mine I'm gonna let it shine

Let it shine　Let it shine　Let it shine

Own down the Lord I'm gonna let it shine
Own down the Lord I'm gonna let it shine
Own down the Lord I'm gonna let it shine

Let it shine　Let it shine　Let it shine

Everywhere go I'm gonna let it shine
Everywhere go I'm gonna let it shine
Everywhere go I'm gonna let it shine

Let it shine　Let it shine　Let it shine

Let it shine　Let it shine　Let it shine

Let it shine　Let it shine　Let it shine

【対訳】

私の中にあるこの小さな光を輝かせよう
私の中にあるこの小さな光を輝かせよう
私の中にあるこの小さな光を輝かせよう

輝かせよう　輝かせよう　輝かせよう

神のもとに私はいる（私の中に在る光を）輝かせよう
神のもとに私はいる（私の中に在る光を）輝かせよう
神のもとに私はいる（私の中に在る光を）輝かせよう

輝かせよう　輝かせよう　輝かせよう

神様に重荷を置いたら（私の中に在る光を）輝かせよう
神様に重荷を置いたら（私の中に在る光を）輝かせよう
神様に重荷を置いたら（私の中に在る光を）輝かせよう

輝かせよう　輝かせよう　輝かせよう

輝かせよう　輝かせよう　輝かせよう

輝かせよう　輝かせよう　輝かせよう

【解説】

　この曲は全米で親しまれている名曲の一つです。明らかにアフロアメリカンの作曲と分かるリズムとメロディですが、白人系の教会でもとても愛されているゴスペルです。

　奴隷時代からの彼らの一番の苦しみは人間としての尊厳を奪われたことでした。一人の価値ある人間として自分の中には光があり、それは輝きを放つものであるというメッセージを神から受け取り、そのことを強く信じました。人間は誰ひとり愛されないものはいない。光り輝く美しい存在なのだと。

　この讃美歌を歌うと自然と勇気に満ち溢れ、前向きな気持ちが湧いてきます。その歌詞からも自分たちを励ましながらまた歌い、神とつながって彼らは生き抜いてきたことが伝わってきます。

Glory Glory Hallelujah （グローリー　グローリー　ハレルヤ）

【歌詞】

Glory glory hallelujah since I laid my burden down
Glory glory hallelujah since I laid my burden down

I feel better so much better since I laid my burden down
I feel better so much better since I laid my burden down

Burden down Lord burden down Lord since I laid my burden down
Burden down Lord burden down Lord since I laid my burden down

Burden down burden down burden down burden down
Burden down burden down burden burden down yeah……

【対訳】

神に栄光あれ　ハレルヤ　私は重荷を下ろせた
神に栄光あれ　ハレルヤ　私は重荷を下ろせた

とても気分がいい　私は重荷を下ろせた
とても気分がいい　私は重荷を下ろせた

神に重荷を下ろそう　神に重荷を下ろそう　私は重荷を下ろせた
神に重荷を下ろそう　神に重荷を下ろそう　私は重荷を下ろせた

神に重荷を下ろそう　神に重荷を下ろそう
神に重荷を下ろそう　神に重荷を下ろそう
神に重荷を下ろそう　神に重荷を下ろそう
神に重荷を下ろそう　神に重荷を下ろそう　イエーイ（アドリブ）

【解説】

　シンプルなトラディショナルの名曲であり、アメリカ全域で歌い継がれています。アメリカ本土でも実に多くのアレンジで歌われていて、ゴスペルが如何に自由に歌ってもいい、自由に表現することが重要だということをこの曲から知ることが出来ます。神の前に日々の過酷な労働や辛い重荷を下ろして、心の救済を讃美歌に乗せていこうとした歌詞で、「すごく気分が良い」と気持ちを直接表現するところはとてもアフロアメリカンのゴスペルらしい自然体の歌詞です。神という普遍的な存在に重荷を下ろすという想像力の豊かさもアフロアメリカンならではの感性ではないかと、この様な歌詞を読む度に感じます。

Swing Low Sweet Chariot （スウィング　ロウ　スウィート　チャリオット）

【歌詞】

Swing low sweet chariot Coming for to carry me home
Swing low sweet chariot Coming for to carry me home
Swing low sweet chariot Coming for to carry me home
Swing low sweet chariot Coming for to carry me home

(verse1)

I looked over Jorden and what did I see Coming for to carry me home
A band of angels coming after me Coming for to carry me home
Swing low sweet chariot Coming for to carry me home
Swing low sweet chariot Coming for to carry me home

(verse2)

If you get there before I do Coming for to carry me home
Tell all my friends I'm coming too Coming for to carry me home
Swing low sweet chariot Coming for to carry me home
Swing low sweet chariot Coming for to carry me home

(verse3)

I'm sometimes up I'm sometimes down Coming for to carry me home
But still my soul feels heavenly bound Coming for to carry me home

Swing low sweet chariot Coming for to carry me home
Swing low sweet chariot Coming for to carry me home
Swing low sweet chariot Coming for to carry me home
Swing low sweet chariot Coming for to carry me home
Swing low sweet chariot Coming for to carry me home
Swing low sweet chariot Coming for to carry me home

【解説】

　メロディといい、歌詞といい、とても南部らしい郷愁のにじみ出る名曲です。この歌詞は大変奥深い意味が含まれている。私を故郷に（ホームに）連れて行っておくれとありますが、彼らの故郷とはアフリカのことでした。綿花農場の荷車が宙に上がりそのまま天に上るように家族の元に帰れたらどんなにいいだろう、そんな思いが詰まっているのです。それは、聖書の中のイスラエルの民が聖地カナンを目指してヨルダン川を超える

【対訳】

愛おしいこの荷車よ　私を故郷に連れて行っておくれ
愛おしいこの荷車よ　私を故郷に連れて行っておくれ
愛おしいこの荷車よ　私を故郷に連れて行っておくれ
愛おしいこの荷車よ　私を故郷に連れて行っておくれ

１.
私は本当の故郷をヨルダン川の向こう岸に見た　私を故郷に連れて行っておくれ
天使たちの音楽隊が私の後についてくる　私を故郷に連れて行っておくれ
愛おしいこの荷車よ　私を故郷に連れて行っておくれ
愛おしいこの荷車よ　私を故郷に連れて行っておくれ

２.
もしも君が故郷に先に着いたら　私を故郷に連れて行っておくれ
友達みんなに伝えてくれ　私もすぐにそちらに行くからと　私を故郷に連れて行っておくれ
愛おしいこの荷車よ　私を故郷に連れて行っておくれ
愛おしいこの荷車よ　私を故郷に連れて行っておくれ

３.
私は時に元気だけど、時に気持ちが塞ぐ　私を故郷に連れて行っておくれ
でも私の魂は天国へ向かっている

愛おしいこの荷車よ　私を故郷に連れて行っておくれ
愛おしいこの荷車よ　私を故郷に連れて行っておくれ
愛おしいこの荷車よ　私を故郷に連れて行っておくれ
愛おしいこの荷車よ　私を故郷に連れて行っておくれ
愛おしいこの荷車よ　私を故郷に連れて行っておくれ
愛おしいこの荷車よ　私を故郷に連れて行っておくれ

という物語にたとえられ、更に３番の歌詞では天国への道のりにも例えられています。ここは個人的推測にす
ぎないのですが、祖国へ帰りたい、でも帰れない運命だとどこかで知っている、だからこそ人生のゴールには
神の国で家族や友人に会えるという希望に転換させたのではないかと考えていたのではないでしょうか。彼ら
の精神の強さ、絶望するのではなくて神を引き寄せて希望へと変えていく力、そのことを、この歌詞とメロディ
は伝えてくれます。

I Woke Up This Morning （アイ　ウォーク　アップ　ディス　モーニング）

【歌詞】

I woke up this morning with my mind stay on Jesus
I woke up this morning with my mind stay on the Lord
I woke up this morning with my mind stay on Jesus
Hallelu, Hallelu, Hallelujah !

I'm walking and talking with my mind stay on Jesus
I'm walking and talking with my mind stay on the Lord
I'm walking and talking with my mind stay on Jesus
Hallelu, Hallelu, Hallelujah !

I'm singing and praying with my mind stay on Jesus
I'm singing and praying with my mind stay on the Lord
I'm singing and praying with my mind stay on Jesus
Hallelu, Hallelu, Hallelujah !
Hallelu, Hallelu, Hallelujah !
Hallelu, Hallelu, Hallelujah !

【対訳】

私は朝　目覚めるといつもイエスとともにある
私は朝　目覚めるといつも神様とともにある
私は朝　目覚めるといつもイエスとともにある
ハレル　ハレル　ハレルーヤ！

歩いている時も　話をしている時も　イエスとともにある
歩いている時も　話をしている時も　神様とともにある
歩いている時も　話をしている時も　イエスとともにある
ハレル　ハレル　ハレルーヤ！

歌っている時も　祈っている時も　イエスとともにある
歌っている時も　祈っている時も　神様とともにある
歌っている時も　祈っている時も　イエスとともにある
ハレル　ハレル　ハレルーヤ！
ハレル　ハレル　ハレルーヤ！
ハレル　ハレル　ハレルーヤ！

【解説】

　単純な8小節の曲からメロディが少しずつ変化するところからも奴隷時代から少しずつ奴隷解放後の時代に移ってきた20世紀初頭に作曲されたのではないかと思われます。

　リンカーン大統領が奴隷解放宣言をした後も差別は益々ひどくなり、アフロアメリカンたちの苦難は続きます。だからこそ、この様に生活にいつも神が寄り添ってくれるという感覚が必要でした。何をしている時も、朝起きたらもう神とともにいるのだと信仰を厚くすることで差別や苦境を乗り越える知恵が、この曲の中から感じられます。彼らにとって神は遠い存在ではなくて、私たちと共にあると、その存在を賛美したのです。

Amazing Grace （アメージング　グレース）

【歌詞】

Amazing Grace

How sweet the sound

That saved a wretch like me

I once was lost but now I'm found

Was blind but now I see

'Twas grace that taught my heart to fear

And grace my fears relieved

How precious did that grace appear

The hour I first believed

I once was lost but now I'm found

Was blind but now I see

【対訳】

素晴らしい優美な

なんて愛おしい響き

神は、私のような惨めなものを生かされた

私は、一度は失われ、しかしまた見出された

盲目だった私は、今はっきりと（神の存在を）見ることができる

神の慈悲が、私に畏れを教えてくれた

そしてその寛大さは私の怖れを解放したのだ

なんて素晴らしい神の慈悲のあらわれだろうか

それは、初めて神の存在を信じた時であった

私は、一度は失われ、しかしまた見出された

盲目だった私は、今はっきりと（神の存在を）見ることができる

【解説】

　世界中の音楽ファンなら必ず聴いたことがあるスタンダードな1曲です。

　日本では最も愛されるゴスペルとして有名ですが、実はアフロアメリカンの作品ではなくアメリカ南部の黒人教会では礼拝で歌われることはあまりないようです。

　作詞はジョン・ニュートンという19世紀に奴隷船を持ち奴隷商人でした。ある日、船が嵐で座礁し九死に一生を得た経験の中で、神への信仰を新たに持ち、その時の心境を歌に綴りました。その後、彼は母国イギリスで神父となり、奴隷船廃止運動に関わり悔い改めの人生を歩みました。

　この曲の作曲者は不明ですが、メロディはアメリカンフォークの1曲と言われていて、アイルランドやスコットランド民謡を思わせるシンプルな3コードと美しいメロディで、さらにアフロアメリカンたちらしいブルースコードや7thコードを入れるとまた心にグッとくる曲です。正に西洋的な要素にアフリカ的なエッセンスが加えられた名曲ともいえるでしょう。

When the Saints Go Marchin'in <small>（ウェン　ザ　セインツ　ゴ―　マーチン　イン）</small>

【歌詞】

Oh when the saints go marchin'in

Oh when the saints go marchin'in

Lord I want to be in that number

When the saints go marchin'in

Oh when the saints go marchin'in

Oh when the saints go marchin'in

Lord I want to be in that number

When the saints go marchin'in

Oh when the saints go marchin'in

Oh when the saints go marchin'in

Lord I want to be in that number

When the saints go marchin'in

Lord I want to be in that number

When the saints go marchin'in

【対訳】

おお　私がその聖者の行進に加わるときは

おお　私がその聖者の行進に加わるときは

神よ　私もあなたの列に入りたいのです

私がその聖者の行進に加わるときは、

おお　私がその聖者の行進に加わるときは

私がその聖者の行進に加わるときは

神よ　私もあなたの列に入りたいのです

私がその聖者の行進に加わるときは

おお　私がその聖者の行進に加わるときは

おお　私がその聖者の行進に加わるときは

神よ　私もあなたの列に入りたいのです

私がその聖者の行進に加わるときは

神よ　私もあなたの列に入りたいのです

私がその聖者の行進に加わるときは

【解説】

　南北戦争後、兵士が置き去りにした楽器を手にしてニューオリンズでは新しい音楽の息吹が生まれました。ジャズのルーツです。ブルースのコード進行に加え、コンゴスクエアではアフリカからの奴隷たちが独自の音楽スタイルを築き、フランスやアイリッシュ、ネイティヴアメリカンの音楽と融合を重ねました。その中で、この曲や他のルーツゴスペル、葬列の際に行進しながら、金管楽器のブラスバンド演奏される、セカンドラインジャズというものが生まれました。

　この曲の原曲の作詞、作曲者は不明ですが、最初にレコーディングしたのは、かの有名なルイ・アームストロングがアレンジしたバージョンで、日本では「聖者の行進」として親しまれている曲です。

　南北戦争で多くのアフロアメリカンも犠牲になりました。彼らは葬列や葬儀の時に仲間の死を弔いお墓までの道のりをパレードのように行進しながら演奏しました。その行進には、親族だけでなく、近所のブラザー、シスターたちや子どもたちなども列に加わりました。

　ニューオリンズでは現在でも、セカンドラインパレードが日常的に行われており、その環境の中で小さな子どもたちはジャズやゴスペルを生活の一部として受け継いでいます。〝神に天国までの道筋を無事に導かれるように〟と願い歌われたのです。この曲の中での神の列に入りたい、という歌詞もそうした背景があるのでしょう。

おわりに

　この本を手に取られた方は一体どの様な方々でしょうか。

　以前からゴスペルに親しんで来た方、全く初めての方、音楽が大好きな方、学校で音楽を教えてる方、趣味の音楽サークルで楽しんでいる方、ご家庭でお子さんと歌ってみたいという方。色々いらっしゃることでしょう。

　この本は、初心者から経験者、老若男女が楽しめる様に、たくさんの工夫をしたつもりです。

　また、ゴスペルの歴史にも触れ、ゴスペルを深く知っていただきたいという熱い思いから、著者が長年勉強して来たアメリカの歴史と絡めて、ゴスペルの歴史コラムとして４つにまとめました。

　この 21 年ゴスペルを歌い続け、13 年間公立の小中学校で生徒たちにゴスペルを教えてきて、この音楽は大袈裟に言えば、「日本の子どもたちの生きる力」になると、実感しています。

　前を向く力、自分を表現する力、自分の個性を認める心、ゴスペルには、生きる力の全てが詰まっています。

　授業を通し、心の底から歌う事、表現する事、みんなと一体感を感じること、そんな沢山の奇跡的な瞬間を子どもたちは私に見せてくれました。

　「私 1 人が独占してて良いの？」

　ふと、そんな疑問が湧いたとき、この授業そのものをパッケージにして、日本中に届けたいと思う様になりました。(そんな私の願いを神様が聞いていたのでしょう)

　そんな折、朔北社との奇跡の出会いがあり、素晴らしい編集者やスタッフ、アーティストの方々に恵まれて、３年間という時間を費やし、ゴスペルの入門書として唯一無二の一冊になったと自負しています。

　レベルに関わらず、シンプルにゴスペルを楽しんでいただければ幸いです。

　辛い時も悲しい時も、ネガティヴをポジティブに変換してくれる。そんなアフロアメリカンのタフで愛に溢れたこの讃美歌を、人生の友としてください。

　手に取ってくださったお一人お一人が、希望に溢れ、この歌詞やリズムやメロディによって心の自由や解放が得られ、キラキラと輝いて人生を送ることができるようにと、心から祈って止みません。

　歌っている時に、もし心の中に喜びが溢れてきたら、迷わずこう叫んでください。
　ハレルーヤ！　さあ、今日からみんなでゴスペル！！

2021 年 12 月　愛を込めて

〈参考文献〉

James H.Corn, *The Spirituals and the Blues*, 1972, Find at orbis Books

ジェームス・H・コーン / 著　梶原 寿 / 訳『黒人霊歌とブルース―アメリカ黒人の信仰と神学』1983　新教出版社

北村 崇郎 / 著『ニグロ・スピリチュアル―黒人音楽のみなもと』2001　みすず書房

ジェームス・H．コーン / 著　梶原 寿 / 訳『解放の神学―黒人神学の展開』1973　新教出版社

W.B.B. デュボイス / 著　木島 始ほか / 訳『黒人のたましい―エッセイとスケッチ』1996　未来社

W.B.B. デュボイス / 著　木島 始、鮫島重俊、黄 寅秀 / 訳『黒人のたましい』1992（岩波文庫）　岩波書店

Quintard Taylor, *America I AM Black Facts: The Timelines of African American History*, 1601-2008, 2009, Hay House

原 恵 /『賛美歌―その歴史と背景』1980　日本基督教団出版局

原 恵、横坂康彦 / 著『新版　賛美歌―その歴史と背景』2004　日本キリスト教団出版局

J.H.Kwabena Nketia, *The Music of Africa*, 1974, W.W. Norton & Company

John Miller Chernoff, *African rhythm and African sensibility: Aesthetics and Social Action in African Musical Idioms,* 1980, University of Chicago Press

クワベナ・ンケティア / 著　瀧村あや子 / 訳『アフリカ音楽』1989　晶文社

フレデリック・ダグラス / 著　岡田誠一 / 訳『数奇なる奴隷の半生―フレデリック・ダグラス自伝』1993　法政大学出版局

ジェームス・H．コーン / 著　梶原 寿 / 訳『夢か悪夢か・キング牧師とマルコム X』1996　日本基督教団出版局

ジェームス・H．コーン / 著　梶原 壽 / 訳『十字架とリンチの木』2014　日本キリスト教団出版局

Peter Kolchin, *American Slavery*, 1619-1877, 1993, Hill & Wang

Delores Carpenter, N. E. Williams 編 , *African American Heritage Hymnal: 575 Hymns, Spirituals, and Gospel Songs, 2001,* GIA Publications

〈参考資料、ウェブサイト〉

加藤順子（早稲田大学）アメリカ史概論講座　資料

小澤克彦（岐阜大学名誉教授）神々の故郷とその神話、伝承を求めて
http://ozawa-katsuhiko.work/

🎼 著者プロフィール

山本 愛（Ai Yamamoto）

東邦音楽短期大学　声楽科卒。2000年よりゴスペルを始める。
特に古いスピリチュアルと言われる黒人霊歌に目覚め、ゴスペル
の歴史など研究発表。ワークショップなども行う傍ら、アフリカ
のミュージシャンやアフロアメリカンとの共演も多数。2012年
に米軍基地内の教会で洗礼を受ける。
現在は船橋市公立小学校講師を務め、学校現場でも、この13年
間ゴスペル授業を続けている。

● 協力 ●

《ＣＤ音源》

【ピアノ】　古川奈都子（ジャズピアニスト）

５歳よりピアノを始め、早稲田大学ニューオ
リンズジャズクラブに入部。以来毎年日本と
ニューオリンズを往復し、現地のミュージ
シャンと共演をを重ね、トラディショナルス
タイルのジャズ、ブギウギ、ゴスペル、ブルー
スなど奏演。エネルギッシュで温かいタッチ
のピアノが持ち味。

【コーラス】　グローリハレルヤシップ クワイヤの皆さん

(Sop.)　古田　翠
　　　　須貝菜摘
　　　　深山美佳

(Alto)　大澤律子

(Ten.)　相澤　郁
　　　　中込嘉治

【スタジオ・録音】
ミュージカルドックスタジオ 関口正治

【楽譜製作協力】
〈採譜〉岩尾　宏（ギタリスト）
〈浄書〉株式会社 ホッタガクフ

【楽譜アレンジ協力】
岩尾　宏 / 古川奈都子

【楽譜編集協力】
古川奈都子
佐藤さゆり / 上島寿子 他

【アメリカ史　資料提供】
早稲田大学 講師 加藤(磯野)順子

【Special Thanks】
青猫書房 岩瀬惠子

みんなでゴスペル！　学校で、サークルで、お家で　　2022年1月30日　第1刷発行

編著　山本 愛　© 2022 Ai Yamamoto

装丁デザイン　arD 湯浅レイ子
装画・イラスト　金井真紀

発行人　宮本 功 / 発行所　株式会社 朔北社（さくほくしゃ）/ 〒191-0041 東京都日野市南平 5-28-1-1F
Tel.042-506-5350　fax.042-506-6851 / http://www.sakuhokusha.co.jp / 振替 00140-4-567316
印刷・製本　中央精版印刷株式会社　落丁・乱丁本はお取かえします。
80 ページ　A4 判　ISBN978-4-86085-140-8

【初版・特別特典】

アメリカ出身のマーセル牧師による、ゴスペル
に関するスピーチとピアノ伴奏。プロのゴスペ
ルシンガー、マリエッタとキャロルダイエンに
よるスペシャル映像。
この本の読者の為だけに撮影した、迫力満点な
本物のゴスペルをお楽しみください。

《内容》

1. ゴスペルについてのスピーチ
   マーセル牧師（Pastor Marcel Jonte' Gadsden）

2. 曲名：Trouble Of The World
   歌：マリエッタエップス-ウィリアムズ
     （Marietta Epps-Williams）
   ピアノ：マーセル牧師

3. 曲名：Amazing Grace
   歌：キャロルダイエン（CarolDiane）
   ピアノ：マーセル牧師

2021.12.11 スタジオにて。
左から、マーセル牧師、キャロルダイエン、マリエッタ。

ＱＲコードを読み込んでいただくか、下記のアドレスに、
アクセスすると購入者限定映像を開くことができます。

https://youtu.be/S0v_ivy3Fxk